JN409053

변재섭 시인

변재섭 시집
사랑에도 안개 자욱한 날이 있다

2018년 10월 1일 인쇄
2018년 10월 5일 발행

지은이 | 변 재 섭
펴낸이 | 강 경 호
인쇄 · 기획 | 도서출판 시와사람
등 록 | 1994년 6월 10일 제 05-01-0155호
주 소 | 광주시 동구 양림로119번길 21-1(학동)
전 화 | (062)224-5319
팩 스 | (062)225-5319
E-mail | jcapoet@hanmail.net

ISBN 978-89-5665-521-5 03810

값 10,000원

공급처 ■ 한국출판협동조합
경기도 파주시 탄현면 오금로 30
주문전화 (02)716-5616, 070-7119-1740

사랑에도 안개 자욱한 날이 있다

국립중앙도서관 출판시도서목록(CIP)

사랑에도 안개 자욱한 날이 있다 : 변재섭 시집 / 지은이: 변재섭. -- 광주 : 시와사람, 2018
p. ; cm. -- (오늘의 시와사람 ; 093)

ISBN 978-89-5665-521-5 03810 : ₩10000

한국 현대시[韓國現代詩]

811.7-KDC6
895.715-DDC23 CIP2018030675

사랑에도 안개 자욱한 날이 있다

변재섭 시집

시와사람

■ 자서

사랑에는 정답이 없다고들 한다. 허나 나는 정답이 있다고 생각한다. 다만 하나가 아니라 상황에 따른 갖가지의 정답이 있을 수 있다. 그 답을 찾기까지의 과정이 때론 참으로 지난한 것이어서 바위 같은 의지가 요구되기도 한다. 살아오면서 체득한, 넘어지고 깨어지며 방황하는 상황 속에서도 오직 지켜내고자 했던 의지의 표현들을 시적 장치를 통한 작품의 완성도보다는 메시지 전달이 목적인 가벼운 언어로 엮고 묶어 보았다.

2018년 8월

변재섭

차례

제1부 사랑은 황홀하지

제2부　오직 사랑에서만

제3부 행복은 사랑에 있다

제1부

사랑은 황홀하지

사랑은 황홀하지

사랑은 황홀하지
세상 그 어떤 것보다
세상 그 어떤 일보다
황홀한 것이 사랑이지
사랑한다는 나의 말에
너는 더없는 황홀에 취하고
사랑한다는 너의 말에
나는 환호하며 황홀에 젖지
최고의 황홀감을 창조하는
참사랑, 그러나 그것은
죽음을 철저히 관통하지
죽음이 없는 사랑
사랑이 아니지
이 산 저 산에 타오르는
단풍잎들……

눈부시다

푸르른 날, 흐르는 시냇물같이
뿌리에게 스미는 눈 석은 물같이
사랑, 가슴 뛰는 그런 사랑이 있다

번쩍, 눈 깜박하는 찰나
저 먼 하늘에서 나무 정수리에 꽂는 번개 같은
사랑, 탄성 터지는 그런 사랑이 있다

모든 사랑은 꽃처럼 눈부시다
사랑하는 사람은 꽃보다 더 눈부시다
사랑하다 눈부시게 죽어 별이 되리니

마른 땅에 물길 트기 위해
몇 년을, 한 생을 삽질해야 하는
사랑, 눈물 나는 그런 사랑이 있다

가슴 태워 꽃이라면

얼음장이 몸을 푸는 개울가
잔설 속의 봄까치꽃
사랑이다

폭염경보 내린 한낮
들길에 이질풀꽃
사랑이다

된서리 내린 아침
모퉁이길 들국화
사랑이다

눈 덮인 산마루
나뭇가지에 눈꽃
사랑이다

가슴을 태워 꽃이라면
당신, 아름답고 성스러운
사랑의 화신(化身)이다

믿음 없이 사랑은 없다

바다 한가운데 우뚝 서 있는,
폭풍우 몰아치고 해일이 덮쳐 와도
끄떡 않고 버티고 서 있는
한라산 같은
믿음의 산(山) 하나
가슴에 들여앉혀야 비로소
사랑은 있다
바늘 같은 의심
그것은 시간을 먹고 자라나
송곳이 되고 철퇴가 되어
산을 무너트릴 수 있나니
자신마저 무너트릴 수 있나니
사랑의 행복 속에 살고픈 그대여
오롯하게 믿어라
산 같은 믿음 없이 사랑은 없다

달콤한 사랑

우리는 사랑을 원한다
원한다고 다
이룰 수 있는 것이 아닌
달콤한 사랑
원하는가 그대
간절하게 꿈꾸어라
꿈꾸고 있는 한
그대 사랑은 숭고하리니
꿈꾸지 않는 자에게
결코 오지 않는 사랑
끊임없이 꿈을 꾸되
요구에 온전히 응할
준비는 하고 있으라
그 꿈은 가장 충만 되고
열렬한 헌신을 요구하나니
그래서 사랑은
세상 그 어떤 것보다도
쓰고 달콤하다

사랑은 아름답네

사랑은
아름다움의 발견으로 시작되고
오직 아름다움만을 추구하네
눈에 보이는 아름다움보다
마음으로 느끼는 아름다움
진정한 사랑은 여기에 있네
질그릇 같은 사람에게도
하늘 같은 아름다움이 있어
한 사람을 행복에 젖게 하네
그 자체가 아름다움인
사랑은

참사랑은 결코

화단의 꽃 앞에
흔들리지 않는 초점으로 서 있다
상쾌한 봄날 아침
향기를 찾아 코를 벌름거리며
꽃 앞에 정지하고 서서
한참을 바라보고 있다는 것
코를 벌름거리고 있다는 것
한없이 겨울바람 몰아치던 가슴에
이제는 고요가 깃들고 있다는 것
사랑을 위해 기나긴
험한 여정을 견디어 왔다는 것
그 꽃의 미소와 향기로
사랑 그대 앞에
똑바로 설 수 있다는 것
참사랑은 결코
무너져서는 안 되는 것

사랑 안에서

사랑이 아니면
진해의 벚꽃이 흐드러졌다한들
그것은 밖의 일
그늘 한 점 지우지 못하고
아무런 의미 없다
사랑이 아니면
밤하늘 별들이 흐드러진 벚꽃 같다한들
그 또한 밖의 일
어둠 한 올 밝히지 못하고
아무런 의미 없다
사랑의 사람아
그대가 내 곁에서 호흡하고 있음으로
세상의 모든 사물 모든 일이
하나의 관계가 되고
하나의 의미가 된다
기쁨이 되고 행복이 된다

사랑의 속성

사랑은 영혼과 영혼의 일치로
떠오르는 태양
드넓은 대지 꽃은 피고
푸르른 하늘 새는 날고
노래는 시냇물처럼 흐르고
향기는 창공에 퍼지네
바람처럼 자유로운
두 영혼이 빚어내는 아름다운 세계
그러나 속박의 순간
태양은 그 빛을 잃고
꽃과 새는 사라지고
밤의 고요 속에
썩는 냄새가 자신을 감싸네

사랑의 뿌리

사랑은 긍정이라는 뿌리에서 자라지
부정(否定) 위한 긍정이 아니라
긍정 위한 긍정만이 사랑의 뿌리이지
절대 긍정은 아니더라도
'아마도' 잘 하려다 그리 되었으리
'그래도' 너를 사랑하리
믿어주고 지켜주려는,
아무리 사소한 의미로라도 부정은 세우지 않는
오직 긍정의 자세
이것이 사랑의 뿌리이지
이 뿌리에서 자양분 힘차게 뽑아 올려
나무는 오늘도 푸르고 푸르지.

주는 사랑은 만족이 없지

받는 사랑에는 만족이 있으나
주는 사랑에는 만족이 없지
주고도 또 주고 싶고
부족하지는 않는지 마음 쓰고
필요한 것은 또 없는지 살피는
이것이 사랑하는 일이지
무엇이든 아낌없이 챙겨주고
빠트린 것이 생각나서
속상해하며 전화하는 어머니의 마음같이
사랑하는 일
주는 사랑은 만족이 없지

사랑은 받아들이는 것

사랑은
받아들이는 것
나무처럼 햇빛을
대숲처럼 바람을
강처럼 흙탕물을
받아들이는 것
한 영혼을 갈구하며
한 영혼을 오롯하게
눈물일지라도 미소를
어둠일지라도 빛을
받아들이는 것
사랑은

참사랑은

사랑은
두 사람을 하나로 결합하지만
서로를 속박하지는 않는 것
방임하지도 않는 것
스스로 울타리 안에 머물며
언제나 변함없는 것
사랑은
고맙고 감사한 마음을
서로에게 따뜻하게 건네는 것
아무리 소소한 것이라도
사랑의 사람 너에게 나에게
고마워요
감사해요
물 흐르듯이 건네는 것
하여 행복을 창조하는 것
참사랑은

포기하지 않는 사랑

슬픔 없는 사랑도 없고
고통 없는 사랑도 없지
때로 사랑은
슬픔과 고통을 넘어
열병에 빠트리거나 죽음에 이르게 하지
이 모든 것을 떨쳐 나오는
바위 같은 신념,
사랑이 사랑이게 하지
사랑이 기쁨이며 행복이게 하지
끝까지 포기하지 않는,
문을 열고 길을 찾아나서는
그 신념이

칭찬하는 사랑

칭찬은 고래도 춤추게 하나
탓함은 바위를 부숴버린다
오늘은 죽고 못 사는 사랑
칭찬 없이는 결코 지탱할 수 없다
사랑하고 사랑받으며
영원히 사랑 속에서 살고픈 그대여
칭찬을 아끼지 마라
아무리 작은 일이라도
칭찬하라 다만 입발림이 아닌
가슴 속에서 뽑아 올린
누에의 명주실 같은 칭찬이라야
사랑이라는 비단을 짤 수 있다
칭찬 없는 사랑
모래바람의 사막일 뿐

예술 중의 예술

사랑은 예술이다
예술가는 심혈을 기울여
작품을 창조한다
사랑은 이보다 훨씬 더한
헌신으로 창조한다
더러는 목숨을 담보하기도 한다
예술작품은 모두 아름답다
그 예술 중의 예술
사랑이다

사랑의 인사

잠자리에서 일어나
아침, 너에게 나에게
행복해요 감사해요
인사하는 사랑
하루 일과가 평온하고
저녁, 너에게 나에게
감사해요 행복해요
인사하는 사랑
하룻밤이 평화이네
모든 것을 이해해서가 아니라
사랑하기 때문에
행복해요 감사해요
감사해요 행복해요
날마다 인사하는 사랑
평생이 평화이네
우주의 질료
사랑이라

눈 속에서도 피어나는 꽃

꽃은 봄에만 피는 것이 아니나
낙엽은 가을 소슬바람에 우수수 진다

어느 하늘 어느 시간
어느 땅에선들 꽃은 피지 않으랴

바람에 쓸리는 낙엽이
심장을 저미고 가는 시간에도
꽃은 피어난다

눈 덮인 땅에서도
피어나는 꽃
그래 이것이 사랑이다

사랑하는 그 사이

붙었다 떨어지고
떨어졌다 붙는 봄 나비 한 쌍
그 사이에는 '무엇'이 있다
평등보다도
존중보다도
인내보다도
희생보다도
그 사랑을 태양처럼 빛나게 하고
다이아몬드처럼 견고하게 하고
처음이 곧 끝이게 하고
생명이 생명이게 하는
젓가락 같은
태극 같은
둘의 조화
너와 나
사랑하는 그 사이

응답이 사랑이다

사랑은 끊임없이 요구하지
끊임없는 응답이 사랑이지

응답하지 못하는 당신이라면
그 아픔만큼 사랑은 깊어지기도 하지

그러나 응답하지 않는 당신이라면
그 사랑, 겨울 문 밖 선인장

선물을 받는 자세

세상에서 가장 좋은
그 무엇과도 바꿀 수 없는
사랑하는 연인
모란꽃밭에 나비 떼 나는
풍경 같은 연인
사랑을 위해
때때로 선물을 주고받지
선물 주고받음에
비싸고 싸고는 문제가 아니지
사랑하는 사이에
주고받는다는 사실이 중요하지
선물을 생각하고 마련하여 건네기까지
나만을 생각했을 그 마음이 중요하지
아무리 하찮은 것이라도
감사하며 받는 자세
조금은 과장된 표정과 몸짓이
조금은 처진 어깨를 펴게 하고
사랑을 더욱 풍요롭게 하지
그런 당신은 플러스 40점
시큰둥하거나 돈 아깝다는 반응이면

또는 얼마짜리야 묻는다면
당신은 마이너스 40점
무엇을 받든 감사하는 것
참 좋은 청밀(淸蜜) 사랑이지

투정은 사랑의 양념

오달진 사랑에도
때로는 투정이 있다
미워서가 아니라
사랑하기 때문에

김장양념처럼 버무려져
둘 사이 정으로 쌓인다
결코 자존심만은 건드리지 않는
인격의 탑을 무너트리지 않는 투정은

제2부

오직 사랑에서만

오직 사랑에서만

오직 사랑에서만
행복을 느낄 수 있다
이 사랑을 그릇이라고 하자
그러나 형태를 알 수 없고
크기도 알 수 없는 그릇
모르긴 몰라도 아마 동그랄 것이다
그 속에는 기쁨과 행복의 뿌리가 있고
슬픔과 고통의 뿌리도 있어
어떤 날은 웃고 떠들고
어떤 날은 울고 침묵한다
지구가 자전하듯
몇 바퀴 돌고나면 사랑은
아무리 엄청난 충격일지라도
제 자리로 돌아온다
돌아와서는 밑거름 삼아
보다 더 번성하여 긍정의 나래를 편다
사랑이 없다면 세계는 어둠일 뿐
오직 사랑에서만
행복을 느끼며 나는 사노니

황홀한 사랑

누군가를 사랑하는 가슴은
기쁨으로 벅차오르기도 하고
슬픔으로 찢어지기도 한다
그러나 한 번 일어난 사랑의 불꽃
수많은 물줄기도 끌 수 없고
그 어떤 강도 바다도 익사시킬 수 없다
사랑은 모든 것을 견디어내며
지치지도 약화되지도 않는다
비바람과 눈보라는 오히려
사랑을 단련시키는 담금질
천상의 선물인 사랑이여 너는
내가 자유롭게 선택한 죽음이다
죽음으로써의 사랑은 고통이지만
그러나 자발적인 것이기에 달콤하다
세상의 그 어떤 것보다도 황홀한
나의 사랑, 그대에게 있다

너를 향한 나의 사랑

너를 향한 나의 사랑
내 영혼이 지닌 최고의 고귀함이네
제비꽃의 아름다움을 보게 하고
붉은머리오목눈이의 노래를 듣게 하네
떠오르는 아침 해를 보게 하고
꽃구름 속의 지는 해를 보게 하네
한여름 고갯길을 넘게 하고
한겨울 언강을 건너게 하네
사소한 것도 없게 하고
대단한 것도 없게 하네
여름햇살에 반짝이며 나부끼는
이파리 같은 활기를 불어넣네
내 영혼이 지닌 최고의 고귀함이네
너를 향한 나의 사랑

사랑 너는

사랑 너는
햇살이다
나를 푸르게 하는
빗방울이다
나를 성장케 하는
바람이다
나를 춤추게 하는
별이다
나를 꿈꾸게 하는
나비이다
나를 자긍케 하는
땡볕이다
나를 감사케 하는
어둠이다
나를 침잠케 하는
흙이다
나를 소생케 하는
하늘이다
나를 자유롭게 하는

단 한 사람

세상 그 어떤 꽃보다도
아름다운 너는
세상 그 어떤 향기보다도
달콤한 너는
세상 그 어떤 노래보다도
감미로운 너는
세상 그 어떤 보석보다도
고귀한 너는
신이 나에게 베풀어준
최상의 선물인 너는
내가 사랑하는
목숨 다하는 날까지 사랑할
죽어서도 사랑해야 할
단 한 사람

사랑은 진행형이다

나는 오늘도 너를 들여다본다
바람에 흔들리는 꽃송이
따라 흔들리며 들여다보듯
정신을 집중하면
예전에 알지 못했던
새로운 매력과 향기가 있어
나의 사랑은 감동 물결이다
때로는 곰팡이 앉은 방구석
어둠 같은 그늘이 있어
나의 사랑은
슬픔에 젖어 고개를 숙이나
이내 물결은 가라앉아
나의 사랑은 더욱 커진다
너를 들여다보고
너의 새로운 면을 발견하고
잠시 멀어졌다가 더욱 가까워지기도 하며
언제나 진행형이다 나의 사랑은
죽는 날까지

고소한 사랑

고소한 호두를 얻기 위해서는
단단한 껍질을 깨야만 하네
껍질을 깨지 않고서는
호두를 입 안에 넣을 수 없네

고소한 사랑을 맛보기 위해서는
견고한 아집을 깨야만 하네
아집을 깨지 않고서는
사랑을 향유할 수 없네

호두껍질 깨는 일보다
아집을 깨는 일
백 배 천 배 아니 만 배는
더 어렵고 힘이 드네

곤히 자고 있는 너를 두고
겨울 새벽
옷깃 세워 빈 들을
오늘도 거니는 나의 까닭이네

사랑엔 다른 소망이 없다

그대 사랑하기를 소망한다
타오르는 불꽃처럼 사랑하기를
내 삶의 그 어떤 것보다도
가슴 태우는 소망은
그댈 사랑하는 일이다
세상 그 무엇보다도 큰 기쁨
그대 향한 나의 사랑,
비가 오나 눈이 오나
그 안에 길이 머물고 싶을 뿐
거기에 다른 소망은 없다

사랑은 결코 끝이 없다

사랑엔 끝이 없다
그 씨줄을 놓지 않는다면 영원히
이어진다 사랑은
아무리 전화를 해도 받지 않는 그대
아무리 창문을 두드려도 그림자 없는 그대
돌이킬 수 없다 사랑은
한 번 맺어진 사랑은
혼자서 철사 자르듯 잘랐다한들
결코 끊어지지 않는다 사랑은
옹달샘물이 흐르듯 한 생을 두고
흐르고 흐른다 사랑은
고요히 그리고 잠잠히 흐른다
차마 입으로 뱉어내지 못한
안으로만 삭히는
천식환자의 가래 같은 언어,
잊힌 지 오래였다고 말했던
사람의 묘비 앞에 기어이
한 사람 눈물로 서 있게도 하는
사랑은
죽는다한들 끝이 있으랴

사랑은 나의 명약

꽃향기 속에 지나는 하루가 있는가 하면
무던히도 길고 긴 하루가 있다
긴 하루는 몸이 천근이다
몸만 천근이 아니라
머리까지 지끈지끈 쑤셔대고
진통제를 먹어도 소용이 없다
단 한 사람
사랑하는 너의 목소리
나의 명약이다
위로의 말을 듣지 않아도
그냥 목소리만 들어도
하루의 피로가 가시고
거짓말같이 두통이 사라진다
나의 피로회복제이자 활력소인 너
나의 사랑이여

가장 강한 빛

내가 지닌 가장 강한 빛
사랑이다 그 안에 머물러 있는
나는 항상 행복하다

물밀듯이 밀려와서 불꽃으로 작열하고
어둠을 태워 없앤다
사랑은
충동하는
세속을 넘어 줄달음치는
나를 감싸고 돈다

바다를 향해 흘러가는 강물처럼
배암과 바위와
사과와 꽃과
소용돌이치며 흘러가는 강물처럼

하늘을 향해 날아오르는 연기처럼
갈비뼈와 바늘과
피와 흙과
회오리치며 오르는 하얀 연기처럼

내가 지닌 가장 강한 빛
사랑이다 그 안에 머물러 있는
나는 항상 행복하다

신의 은총

헤아릴 수 없는 만남이 있었다
그 많은 사람 중에서
너를 나는 사랑한다
나의 열망이
전혀 의식하지 않았음에도
너를 향한 뜨거운 불길
가슴에서 솟구쳐 오르던 것이다
머리는 없었다
가슴만 있었다
청자 백자 아닌
오지항아리 같은
너를 나는 사랑한다
분명한 신의 은총

온전히 알 수 없는 사랑

세상엔
알 수 있는 것도 많지만
가늠조차 할 수 없는 것도 많다
알 수 없는 것은 사랑도 마찬가지
알고 있는 듯, 알 듯하지만
사랑을 온전히 알고 있는 자,
온전히 행동하는 자
누구이런가
너를 사랑하기로
그 사랑을 위하여
나는 다만 네 마음을 향해
한 걸음 한 걸음 힘차게 내딛을 뿐
거울을 들여다보며
일치를 목적하여
쉼 없이 너를 향해 걸음을 내딛을 뿐
너와 나, 우리가 누리는
이 작은 평화와 행복
그것을 사랑이라 믿으며

존재 이유

나는 너를 사랑한다
나를 위한
나를 위해 좋은
나의 생을 위해 유용한
나의 최상의 표현이다
나를 존재케 하는 이유이다
내가 너를 사랑하지 않는다면
사막의 모래바람 속에서
그냥 주저앉고 말 일이다
그러나 나는 너를 사랑한다
한 치 앞도 보이지 않는
그 모래바람 속에서
한 걸음씩 발을 옮겨
기어코 오아시스에 이를
마침내 너의 품에 안길
나의 사랑

사랑은 행복의 섬

사랑한다 너를
이 사랑이
내 활력의 가장 심오한 내적 핵심이다
이 사랑으로
나는 익어가는 사과처럼 성숙되어 가고
이 사랑이
내 인생의 바다에 떠 있는 행복의 섬이다
이 사랑으로
이 섬에서는 활짝 피어난다,
다른 곳에서는 피어날 수 없는 경이로운 꽃들이
이 사랑을 위하여
나는 오늘도 노동하고 투쟁한다

단 하나의 이유

나는 가슴 속에 너를 품고 있고
나는 언제나 너에게 속해 있다
하여 비롯되는 나의 행복이다
눈물 마를 날 없는 현실의 벽 앞에서도
너를 사랑하고 있다는
단 하나의 이유만으로 나는 행복하다
함박꽃 얼굴의 기쁨이 사랑이면
어금니 악무는 아픔도 사랑이다

단 하나의 목적

이 세상에 단 하나의 목적
그것은 너를 사랑하는 일이다
신이 나에게 부여해준
지상 최대의 임무, 그것은
오직 너를 사랑하는 일이다
너로부터 세계는 시작되느니

너를 통해서

너를 통해서
변화한다 나는
네가 바라보는
꽃을 통해서
강물을 통해서
바위를 통해서
바람을 통해서
지는 꽃을 통해서
너를 사랑하는
오직 그 마음밖에 없는 나는
네가 그윽한 눈길로 바라보는
세상의 모든 존재를 통해서
날마다 변화한다
너를 사랑하기 전에는
미처 알지 못했던
이 행복

너를 사랑함으로

너를 사랑한다
그 사랑을 위하여
나는 끊임없이 움직인다
결코 멈춤이 없다

너를 사랑함으로
나무를 사랑하고
불을 사랑하고
흙을 사랑하고
칼을 사랑하고
물을 사랑하고
사람을 사랑하고
나를 사랑한다

하여 나는
우주 속에 빛나는 별이다

숭고한 사랑의 대상

사랑은 대상이 있다
꽃을 사랑하고
나무를 사랑하고
바위를 사랑하고
바다를 사랑하고
새를 사랑하고
하늘을 사랑하고
해를 사랑하고
달을 사랑하고
별을 사랑하고
노래를 사랑하고
그림을 사랑하고……
이 모든 사랑이
오직 하나의 숭고한 대상인 너
신의 은총인 사람 너를
사랑하지 않고서는
도대체 낯빛이 없다

너로 하여

너로 하여 나는
한 존재로 서 있다
너를 향한 사랑은
나를 정화하는 불꽃
기만과 그늘, 그리고 비밀
이 모든 것들을 태워
소생시키는 생명의 불꽃
얼음같이 차가운 이성과
눈꽃같이 순결한 감성,
물같이 선한 의지로 빚는
너를 위한 사랑……
비로소 나는 둥구나무처럼
한 존재로 서 있다

삶의 원동력

내가 행복하기 위해서
너를 사랑하는 것이 아니다
의도하지 않아도
바람의 흐름이요
물의 흐름이다
너에게로 끊임없이 흘러가는
가슴에서 용솟음치는 사랑
그것은 분명 신의 은총이다
하여 그 사랑으로
햇살 받은 꽃처럼
나는 그냥 행복하다

제3부

행복은 사랑에 있다

행복은 사랑에 있다

빈들에 홀로 서 있는
나무처럼 나는 서 있다
홀로이기에 고독하다
그러나 꿋꿋이 서 있기에
사랑이다 모세혈관까지
뜨거운 피 돌리고 있다
뜨거운 피 돌리는 것은
살찌우기 위함만이 아니다
몸피를 늘리는 것은
드러내기 위함만이 아니다
바람 한 점 쉬었다 가고
구름 한 자락 발길 멈추었다 가고
고단한 날개를 접고 새들 쉬었다 간다
그늘 속에서 당신, 땀을 식혔다 가라
내 방식의 사랑이다
하여 나는 행복하다
홀로여서 쓸쓸하고 고독하다는 당신
사랑의 문을 닫았기 때문

우리, 하나의 사랑

내가 너를 사랑하는 목적은
나와 네가
우리, 하나로 결합하는 일
사랑하고 사랑하여
생명이 다하는 그날까지
우리는 한 순간도 멈춤이 없고
나 너 홀로 있지 않고
눈보라의 들녘처럼 황량하지 않고
우리의 눈으로 꽃을 보고
우리의 귀로 노래를 듣고
우리의 코로 향기를 맡고
우리의 입으로 말씀을 펼치고
우리의 몸으로 세계를 헤쳐 나가는
언제나 푸르른 우리
우듬지는 흔들리나 둥치는 결코 흔들리지 않는
뿌리 깊은 우리를 위하여
사랑하고 사랑하나니

온전한 사랑

너의 붉은 입술이 아름다워
입 맞추고 싶은 마음
사랑이 아니다
너의 잘록한 허리를 껴안고
풍만한 가슴에 얼굴을 묻고 싶은 마음
사랑이 아니다
너의 전 존재가 나의 마음 안으로 들어와
커다란 파문을 일으켜
나의 전 존재가 너에게로 까닭 없이 끌릴 때
비로소 사랑이다
너라는 한 존재 앞에서
나라는 한 존재로 푸르게 서서
숲으로 마음의 길을 낼 때
비로소 사랑이다
육체는 영혼의 그릇,
두 영혼이 숲으로 함께 걸어갈 때
온전한 사랑, 우리 사랑이다

사랑에는 다리가 필요하다

나는 너를 사랑한다
그러나 우리 사이에는
살여울이 흐르고 있다
사랑의 마음
입 밖으로 내뱉지 못하고
둔치에 서서 너를 바라만 보다
발걸음 되돌리고 만다
나는 너를 사랑한다
그러나 마주서지 못하는
이것은 사랑이 아니다
너와 내가 살여울을 건너
마주보고 섰을 때
비로소 온전한 사랑이다
너에게로 가는 다리를 놓으마
기다려도 괜찮다
다리가 놓여 만나거든
너를 사랑함으로 인해
눈물 흘리며 아파했던 가슴
포근히 안아다오
고맙다 등 쓰다듬어다오
나도 그러하리니

사랑의 목적

너와 내가
하나로 결합하려는 열망
그것이 사랑이다
아담의 갈비뼈를 뽑아
이브를 세웠으니
두 몸이 하나이듯이
조물주의 손끝 섭리로
따로따로 생명을 받았으되
너와 나는 한 몸이었기에
애타게도 열망하는 것이다
그 열망의 중심에서
우리 한 몸을 이루었으니
언제나 오직 한 마음으로
아껴주고 쓰다듬어주고
고소하게 깨 볶으며
행복하게 살아가는 일
그것이 사랑의 목적임을……
나의 반쪽 그대여

사랑은 함께하는 여행

사랑은 너와
언제나 함께하는 여행이다
먼 미래를 향해
항구하게 걸어가는 여행
꽃밭을 걷거나
숲길을 걷거나
바위산을 넘거나
강물을 건너거나
손잡고 함께하는 여행이다
몸이 떨어져 있는 시간에도
네가 내 안에 있고
내가 네 안에 있어
항상 함께하는
둘이서 한 마음으로 행복을 짓는
위대한 창조 여행이다
사랑은

우리, 이것이 사랑이다

네가 눈앞에 있을 때
느끼는 기쁨이 사랑이고
네가 아무것도 하지 않아도
느끼는 행복이 사랑이다
이 기쁨으로 기쁨을
너에게 주는 것이 사랑이고
이 행복으로 행복을
너에게 주는 것이 사랑이다
들꽃 한 송이 받음으로
네가 기뻐하는 것이 사랑이고
단풍잎 하나 받음으로
네가 행복해하는 것이 사랑이다
너의 삶 속에
나의 자리가 마련된 기쁨으로
나는 너를 닮아가고
너는 나를 닮아가서
나의 자리에 너를 앉히고
너의 자리에 나를 앉혀서
우리로 살아가는
이것이 사랑이다

그대, 내 안에 있어

바람 한 점 없는
오월 저물녘의 고요처럼
그대, 내 안에 있어

눈보라치는 이 밤
빈 들을 건너
집으로 갑니다

희미하던 것들이
서서히, 또렷하게
제 모습을 드러내는 아침

그대와 손 맞잡고
샘물 같은 눈으로 담아내는
기뻐하고 감사하는 사랑이고자……

사랑은 움직이는 것

사랑은 동굴 속에 고요히
머물러 있는 것이 아니다
바람결에 나뭇잎처럼
부단히 움직이는 것이다
하늘의 햇살 받아
반짝반짝 빛나는 것이다
너를 위해
나는 오늘도 수관을 통해
대지의 젖을 뽑아 올리나니
가까이 다가와
진정 즐거운 마음으로
쓰다듬어 다오
너의 보드라운 손길에
나는 기뻐 전율하리니
너는 나에게
나는 너에게
가장 귀한 의미가 되리니

나의 평화 너에게 있지

너와 나는 다르지
생김새가 다르고
성격이 다르지
그러나 틀리지는 않기에
너와 나 사이
차별은 없고 사랑이 있지
나의 사랑 나의 의식(意識)
나의 밖 나인 너에게 있고
나의 평화 너에게 있지
다른 사람이 아닌
떨어져 있는 그 순간에도 함께하는
바로 너

삶의 표현인 사랑

내 삶의 바탕
사랑에 있다
그러므로 나는 너를 사랑하고
사랑한다고 너에게 고백한다
나의 고백을 듣는
너는 마냥 행복해한다
그런 너를 보고 있는
나는 충만한 기쁨에 젖고
너를 사랑함으로
지극히 작았던 내가
어느새 산처럼 서 있어서
너와 함께 나누고 또한
너를 위해 헌신한다
사랑하는 사람아

존재 최대의 명제, 사랑

너와 내가 만나
두물머리에서 한 물줄기 이루어
흐르는 저 강물처럼
우리로 세상을 흘러가고 있다
흘러, 흘러 바다가 되기까지
강물의 이름을 지우기까지
푸른 하늘과 구름과 달을 품는
잔잔한 흐름의 시간과
굽이쳐 소용돌이치는 시간과
강바닥을 뒤집는 시간과
마주하며 흘러가고 있다
'사랑'이라는
존재 최대의 명제, 그 안에서
강물이 바다를 향해 흘러가듯이
하늘 귀향 향해서
흘러가는 우리

사랑은 그리움이다

사랑은 그리움이다
네가 옆에 있어도
손을 잡고 있어도
마음 저 밑바닥에서
끝 모르게 솟아오르는
애틋한 이 그리움
어찌할 수 없는
이렇게 강한 그리움을
신은
내 마음속 깊이 심어놓았다
사랑하는 사람아
사랑하는 사람아

오늘의 사랑만이 사랑이다

사랑에는 어제가 없다
그리고 내일도 없다
다만 오늘만 있을 뿐이다
어제의 사랑은 추억이요
내일의 사랑은 꿈이다
오직 오늘의 사랑만이 사랑이다
그대여 우리
마주보며 오늘 사랑하자

단 하나의 거울

거울을 본다
거울 속에 내가 있다
부스스한 내가 있고
말쑥한 내가 있다
웃고도 있고
찡그리고도 있다

거울을 본다
빛나는 햇살이거나
두터운 구름이거나
내 마음을 볼 수 있는
단 하나의 거울,
신의 선물인
나의 사랑 그대 얼굴

그 거울 속
나를 환하게 보기 위해
닦고 또 닦는다
나의 창을

오직 하나의 사랑

그대 향한 나의 사랑
영원한 사랑
하늘이 점지해 준
오직 하나의 사랑 그대여
우리 함께 사는 동안
어찌 눈물 흘리는 날 없을쏘냐
부족한 인간으로 만난 우리
노력하며 열어가는 삶인 것을
때로는 내가 저지른 잘못으로
어둠 속에서 아파하며
눈물짓는 그대여
사랑은 의심 말고
나의 어리석음을 울어다오
온전한 사랑을 위하여 울어다오
나의 사랑 오직 그대뿐이니
오직 그대만이 내 사랑이니

사랑의 무게

사랑은 때로 종이 한 장
그 무게 다름 아니다
산들바람에 허공으로 날아가는
한 장의 종이
애정이 식으면
족히 삼사십 년
뿌리 내렸던 거대한 나무도
한 장의 종이로 남는다
사랑아 너를 위해
내가 죽을지라
우리 사랑 결코
뿌리를 드러내지 않으리라

사랑은 나로 하여금

사랑은 나로 하여금
모든 것을 모든 것으로 보게 한다
꽃을 꽃으로 보게 하고
바위를 바위로 보게 하며
바다를 바다로 보게 하고
하늘을 하늘로 보게 한다
꽃에 앉은 나비를 보게 하고
풀숲에 앉은 고라니를 보게 하며
바다를 활보하는 고래를 보게 하고
하늘을 나는 새를 보게 한다
도시에 우뚝한 건물들
건물로 보게 하고
거리에 수많은 자동차들
자동차로 보게 한다
돈을 돈으로 보게 하고
사람을 사람으로 보게 한다

마침내 사랑은 나로 하여금
사람을 사랑으로 보게 한다

사랑은 그대와 함께

나는 바위를 사랑한다
그대는 꽃을 사랑한다
나는 그대를 사랑하고
그대는 나를 사랑한다
나는 행복하다
그대는 행복하다
나는 마당에 바위 하나 들여 놓고
날마다 깨끗하게 닦아주고 쓰다듬고
그대는 마당에 꽃을 심고
날마다 풀을 뽑고 물 주며 어루만진다
나는 꽃에게 큰 관심이 없고
그대는 바위에 큰 관심이 없다
혀를 끌끌 차며
바위와 꽃에서 점점 멀어진다
나 그대 사랑했고
그대 나 사랑했다
희미한 그림자로 남겨둔 채
그냥 의무로 산다
마주 앉아 먹는 밥상
숨 막히게 고요하다

꾸무럭한 휴일 아침, 꽃이
꽃이 눈에 들어온다
그 앞에 앉아 들여다본다
잔 풀 몇 개 뽑고 물을 준다
바위를 닦고 걸터앉는 내 곁에
와서 앉는 그대, 머리를 어깨에 기댄다
아침이면 나란히 꽃을 가꾸고
어깨 감싸고 바위에 앉아
푸른 하늘 올려다본다
나는 바위를 꽃을 사랑하고
그대는 꽃을 바위를 사랑한다

사랑의 향유(享有)

사랑은 향유하는 것이다
나는 너를
너는 나를
이해하고 받아들이는 의식을 통해
향유하는 것이다
아무런 조건 없이
진정으로 이해할 때
너와 나는
사랑의 목소리 들을 수 있다
사랑의 향기에 취할 수 있다
전율할 수 있고
향유할 수 있다 오롯하게

사랑은 따끈한 생강차

사랑은 밤바다에 별빛입니다
칠월의 연꽃 연못에 백로입니다
얼음 호수에 달빛입니다
비바람과 눈보라 속에서
그대와 나 나란히 붙어 앉아 마시는
한 잔의 따끈한 생강차입니다, 사랑은

행복한 삶을 위해

빵을 만들기 위해서는
밀가루 반죽 속에 효모를 넣어야 하듯
행복을 만들기 위해서는
삶이라는 반죽 속에 사랑을 넣어야 한다
그대여 우리
행복한 삶을 위해 아낌없이 넣어보지 않으련

제4부

사랑에도 안개 자욱한 날이 있다

사랑에도 안개 자욱한 날이 있다

안개가 발밑까지 자욱하다
몇 미터 앞도 내다볼 수 없고
보이는 것도 그 실체
사람인지 나무인지 허깨비 같아
세상으로부터 외톨이 된 듯
움츠려 불안에 떨고 있다
지금은 다만 보이는 모든 것들
그 실체를 알 수 없어
쓸쓸하고 두렵기도 하지만
기다리는 언제인가
마침내는 안개 걷히고
푸른 하늘 붉은 해는 빛나리라
할 일을 해나가는 것
꿋꿋하게 이 시간을 견디는 것
최선의 창이다 분명
안개 속이라 해도
꽃은 붉고 나무는 푸르다

사랑은

산들바람에 한들한들 춤추는 풀꽃처럼
햇빛에 반짝반짝 빛나는 샘물처럼

사랑은

거센 바람 속 어질어질 흔들리는 풀꽃처럼
먹구름 소낙비에 급물살 흐르는 개울물처럼

사랑은

촛불 켜고 한 개 차돌이 된다면
눈물에 젖되 결코 부서지지 않는다면

사랑은

산들바람에 한들한들 춤추는 풀꽃처럼
햇빛에 반짝반짝 빛나는 바닷물처럼

진실로 사랑한다는 건

누군가 한 사람을 진실로 사랑한다는 건
그 한 사람만을 사랑한다는 것이 아니다

흙과 비에게서
햇빛과 어둠에게서
바람과 고요에게서
벌과 나비에게서
나무와 새에게서
집과 무덤에게서
들꽃, 아름답고 향기로운 꽃송이
흙과 비를
햇빛과 어둠을
바람과 고요를
벌과 나비를
나무와 새를
집과 무덤을

누군가 한 사람을 진실로 사랑한다는 건
세상 모든 것을 사랑한다는 것이다

작은 들꽃

무릎 꺾고 허리 꺾고
마저 모가지를 꺾어야
오롯이 볼 수 있다

꺾인 몸마저
두 손 짚고 땅바닥 가까이 꺾어야
그 향기 맡을 수 있다

청보리밭의 여인

사각 틀에 갇혀 한 여인 울고 있었네
바람의 머리 쪽에 무슨 일 일어났는지
모두가 그 쪽으로 몸을
기울이고 있는 청보리밭이었네.

어깨 들썩이며 한 여인 울고 있었네
초사흘 달이 서쪽 하늘
조각배처럼 흔들리고 있는 청보리밭이었네.

담장을 뛰어오르는 도둑괭이처럼
단숨에 들어가 안아 주었네
병아리가 어미 품 파고들듯 그 여인
내 가슴 속으로 파고들었네.

우리는 네 발 자전거 타고
하늘로
하늘로 날아올랐네.

사랑은 다시 그렇게 왔다

사랑으로 인해
바다에 가보았다
절벽 위에 서보았다

한 때는 향기로운 꽃밭에 앉아
햇살을 가슴 가득
호흡하던 날도 있었다

동굴 속에 들어앉아
끌어안고 후벼 파는 일
그냥 놓기로 했다
그대로 견디기로 했다

다만 지우지는 않기로 했다
흰 뼈만 남았을 때
십여 년을 기른
풍란이 꽃을 피우듯
사랑은 다시 그렇게 왔다

전봇대꽃

전봇대가 꽃을 피웠다
꿀을 얻기 위해 아스라한 나무를 오르는 아프리카 원주민 처럼
맨발로 단단한 시멘트 절벽 오르고 올라 푸른 잎 붉은 꽃을 피웠다
아니 전봇대와 한 몸이 되어 푸른 잎 붉은 꽃 피운 게다
차갑거나 뜨겁거나 맨발로 견디어내는
바늘 같은 집념의 사랑
전봇대 능소화
태풍에 그만 허리가 부러졌네 아서라
전봇대가 서 있는 한 다시 푸른 잎 붉은 꽃 피울 게다

사랑 초

간밤엔 소리 없이
눈이 내리고
삭신이 쑤시고 저리어
아득하니 손사래만 치다가
뜬 눈으로 긴 밤 지새웠습니다.

어쩔까
어쩔까
발만 동동 굴렀습니다.
새우잠 자는 당신
이불만 끌어다 머리까지 덮어주고는

칼바람 부는 겨울 아침
숲에 들었습니다.
잔설이 발목을 잡아끌어도
홍옥처럼 달은 얼굴로
땔감을 마련합니다.

오늘은 당신
아랫목에 허리 지지소서.

참다운 지혜

가까이 다가가 보는 나무
둥치가 보이고 가지가 보이고 잎이 보이고
머물다 가는 바람이 보이네

멀리서 보는 나무
전체의 모습이 보이고
어우러진 풍경이 보이고
머리 위를 지나가는 구름이 보이네

가까이만 머문다면
전체는 보지 못한 채
삭정이에 얽혀 아옹다옹 살 것이요

멀리만 머문다면
벌레 먹는 잎 부러진 가지 썩어가는 둥치
아예 모른 채 희희낙락 살 것이네

때로는 가까이 잎을 보고
때로는 멀리 전경을 보고
아우를 때 비로소 얻는 지혜

바다로 흘러드는 물처럼
오직 사랑으로 흘러들어야
지혜 중의 지혜 참다운 지혜네

사랑도 그렇다

나무 한 그루 키운다
봄이면 꽃
여름이면 녹음
가을이면 단풍
겨울이면 눈꽃
계절마다 누리는 오 기쁨이여
이 기쁨을 위하여
풀을 뽑아 주고
벌레를 잡아 주고
낙엽을 쓸어 주고
가지를 잘라 주고……
돌보아 주지 않으면
결코 이 기쁨 누릴 수 없다

사랑도 그렇다

너에게 가고 싶다

새벽아침 천왕봉 산허리를 휘감아
살찐 능구렁이 기어가듯 강강술래 도는 하얀 구름 띠처럼

널따란 겨울 호수를 덮고 있는
새로 탄 이불솜 같은 구름 떼처럼

뜨거운 햇빛에 몸이 달은 대지
누에가 뽕잎 갉아먹는 소리같이 내리는 단비처럼

너에게 가고 싶다
가 고 싶 다

너에게 꽃이고 싶어

아침에 눈을 뜨면
나는 꽃에게로 나아간다
무엇이 나를 이끄는지 알 수는 없지만
쪼그리고 앉아
한참동안 눈 맞추고 이야기 듣는다
공기를 흔드는 소리는 없다
그러나 가슴에 공명하는 파장은 있다
아침마다 꽃에게로 이끌려 가는 나는
밤마다 꽃이 되는 꿈을 꾼다
삶에 지쳐 우는 너에게
한 송이 꽃이고 싶어
꽃이 되어 너와 마주하고 싶어

사랑의 기쁨

이른 아침 산을 오르기 위해 집을 나선다 밤새 안녕하셨네요 초목마다 인사를 나누며 길 따라 발걸음을 옮긴다 등짝이 축축해진다 약수터에 이르러 물 한 바가지 퍼서 몸을 식히는데 하, 문이 열리는데

무엇하러 산을 오르는가요
오르고 내리는 것이 삶이지요
그런가요 사랑은 어떤가요
사랑이요 그냥 주는 것이지요
그런가요 주기만 하면 그 빈자리는 무엇으로 채우나요
……

샘은 말없이 흘려보내며 채우고 있을 뿐
물 마시는 모습 그윽이 바라보며
한 점 티 없이 해맑은 빛나는 표정을 짓고 있을 뿐

하늘 참외

달콤한 참외가 먹고 싶다는 아내에게
밤하늘 노랗게 익은 참외
똑, 따다 주었다
씻지도 않고
깎지도 않고
통째로 아삭아삭 단숨에 먹어치웠다
그 후로
몇 번이나 참외는 노랗게 익어갔으나
아무 일도 일어나지 않았다
다만 신 김치만 쭉쭉 찢어
날마다 고봉밥을 먹었다
달이 차오르듯
점점 차오르는 그녀의 배
이상하게도
줄이 생기더니 향기가
참외 향기가 소올솔 풍겨나고 있었다
집안 가득 진동하고 있었다

둘이 딱 붙어 있다

나는 아래쪽을 누르고
그녀는 가운데를 누른다

질환이 있는 그녀
그녀의 것은 항상 배가 푹 꺼져 있다
꼬부랑 노인처럼 허리를 숙이고 있다

아래쪽을 누르라 해도
며칠 지나지 않아 약발이 없어진다
말하면 그때뿐인 그녀
처음에는 이해할 수 없어 짜증도 났다

그냥 내가 눌러 주기로 했다
그녀의 것 아래쪽을
누르고 쭈욱 밀어 올려서
탱탱 이십 대 그녀처럼 만들어 놓는

치약, 둘이 딱 붙어 있다
가운데를 누르는 그녀와
아래쪽을 누르는 나

백로(白露)

보슬보슬 비가 내린다
빗소리 들으며 그 비에
함초롬 젖는 정원의 화초와 나무들
생기 도는 얼굴 바라다보며
마루에서 전어를 구워 저녁을 먹는다,
술도 한 잔 곁들여
초목처럼 하르르 화색 도는 아내의 얼굴
비가 이렇게도 낭만적일 수 있냐며
고맙다며 건배를 하자고 잔을 드는
푸르른 아내, 내가 더 고맙지 뭐, 쨍
건너오고 건너가는 정, 빗소리처럼 맑다
월계천변 반지하 단칸방
비만 오면 방바닥에서 물이 기어 나와
밤잠을 설치며 닦아내고 닦아내도
스멀스멀 기어 나와
벌건 눈으로 출근하는 버스 속에서
부족한 잠을 때우던 그 시절이
오늘은 솜사탕처럼 달달하기도 한
만 원으로 행복한
이슬에 젖는 밤

커피 한 잔

당신과 마주 앉아
마시는 커피 한 잔
풀꽃 사랑입니다

어느새 마음 데워지고
맑은 피 개울물처럼 돌아
금세 입가에 미소가 번집니다

꽃이 지거나 잎이 날리거나
비가 오거나 눈이 내리거나
꼭 그런 날이 아니어도

오늘도 마주 앉아
커피 한 잔 마시고 싶습니다
다만, 살아 있음을 당신과
더불어 감사하면서

사랑 꽃

너에게로 가서
꽃이 되는 걸 볼 수 없어도
돌밭을 나는 일구네
밤의 고요 풍선 속에서
탄성을 뱉어내지 않고
톡
솟는 눈물을 묻히지 않고
톡
함묵의 길 끝에
꽃
찔레 등걸을 타고
하늘로 올라간 큰으아리
눈같이 하얀
꽃을 피웠습니다
살랑거리는 봄바람에
하늘하늘 춤을 추네요
그대 취하소서
그냥 사랑이네요

꽃의 마음

꽃집에 들러
화분 하나 사왔다

햇볕이 잘 들고
별들이 잘 보이는
창가, 너의 거울 앞에 자리 잡아주고

꽃을 보는 마음

사랑, 너를 위한
꽃의 마음

김치 한 쪽의 사랑

밥상을 차려내고
어서 드시라며
입맛 없어 밥을 못 먹겠다는
당신
숟가락을 쥐어주며
채근하는 말 대접으로 겨우
한 숟가락 뜬 하얀 쌀밥 위에
묵은 김치 한 쪽 올려드리니
고기반찬이 아닌 데도
한 그릇 밥
맛나게 드시는구려.

사랑의 동업자

그대와 나는
하늘이 마련해 준
꽃밭을 가꾸는 동업자

나는 심고
그대는 물을 주고

향기 가득한 우리 꽃밭

심어도 물을 주지 않으면 자라지 않고
물을 주어도 심지 않으면 자라지 않지

목숨 걸고 가꿔야 하는 꽃밭

이윤이라고는 전혀 꿈꾸지 않는
세계에 한 명뿐인 최고의 동업자

부부

세상에서 가장 사랑하는
사이가 부부지요
그런데 섭섭한 게 가장 많은
사이도 부부지요
상처를 가장 크게 주는
사이 또한 부부구요
그러나 사랑은 이 모든 것을
눈꽃으로 덮어줍니다
봄꽃이 피어나게 합니다

|해설|

완전한 사랑을 찾아가는 길

-변재섭 시집 『사랑에도 안개 자욱한 날이 있다』를 중심으로

강 경 호

|해설|

완전한 사랑을 찾아가는 길

-변재섭 시집 『사랑에도 안개 자욱한 날이 있다』를 중심으로

강 경 호
(시인, 문학평론가, 《시와사람》 발행인)

변재섭 시인의 시집 『사랑에도 안개 자욱한 날이 있다』의 주제는 '사랑'이다. 이 책에 실려있는 모든 작품이 '사랑'이라는 가치에 초점을 맞추고 있기 때문이다. 그러므로 이 시집의 서정적 자아이기도 한 변재섭 시인은 사랑 예찬론자이다.

인간의 역사는 사랑의 역사이다. 사랑을 추동 동력으로 하여 역사가 발전해 왔고, 인류의 역사가 이어질 수 있었다. 그런 까닭에 사랑은 생명의 원천이 아닐 수 없다. 이러한 이유로 하여 시(詩)의 역사 또한 사랑을 밑천으로 한 것들이 그 근본을 이루었다고 해도 틀린 말은 아니다. 특히 이성간의 따스하고 부드러운 감정 교감을 나눈 연시(戀詩)는 오랜 세월 동안 쓰여져 왔으며 노래로 불려졌다.

그러나 오늘날 사랑을 노래한 시를 쓰는 사람들이 많이 줄어들었다. 수많은 시집들이 쏟아지지만 연시는 보기가 쉽지 않아진 것이다. 사랑이 절실한 시대이지만 사랑을 어떻게 노래할지를 모르기 때문이다. 다시 말해 사랑도 인스턴트화 되어가고, 일회용으로 소비되어지기 때문에 진지한 사랑을 인식하지 못하는 시대여서다. 이러한 현상은 물질이 풍요로운 후기자본주의 시대의 특징으로 시간이 갈수록 심화될 것이다.

변재섭 시인의 시집 『사랑에도 안개 자욱한 날이 있다』는 사랑이 메말라가는 시대를 살아가는 사람들에게 촉촉하고 말랑말랑한 진정한 사랑의 의미와 정서를 전해준다.

'사랑'을 노래한 변재섭 시인의 이번 시집은 다양하게 이해되는 사랑의 개념을 체험론을 바탕으로 구체화시키며, 시인 자신의 사랑의 대상에게 사랑을 전하는 형식을 보여준다. 이 시집 속의 많은 사랑의 개념과 감정은 동어반복되고 있다. '사랑은 행복'이라며 삶을 긍정적으로 해석하는 내용을 다른 형식으로 노래할 뿐, 결국 그가 부르는 사랑의 노래는 '사랑은 행복'이다고 말하는 것이다.

인간은 사랑하는 대상에게 끊임없이 '사랑'이라는 감정을 동어반복하는 동물이다. '사랑'이라는 내용을 수없이 반복하듯 노래하는 변재섭 시인의 시편들에서 뜨거운 감정으로 반응하며 숨가쁘게 읽어내는 것은 인간이라면 모두가 공감하는, 때로는 뜨겁고, 감미롭고, 황홀하고, 때로는 아프고, 힘이 들고, 진지한 '사랑'의 감정을 충분히 이해하기 때문이다.

사랑에 관한 다양한 감정들을 형상화시킨 변재섭 시인의 시집은 한편으로 보면 사랑의 개념을 풀어 쓴 백과사전과도 같다. 시인이 체험한 것을 바탕으로 사랑이라는 추상화된 관념을 보다 객관화시키면서 구체화시키는 노력이 배어있는 이 시집에는 매편마다 결이 다른 사랑의 모습이 그려져있다. 요즘 보기 드문 '사랑의 백과사전'을 펼쳐보이며 사랑의 여러 양태를 살펴본다.

> 사랑은 황홀하지
> 세상 그 어떤 것보다
> 세상 그 어떤 일보다
> 황홀한 것이 사랑이지
> 사랑한다는 나의 말에
> 너는 더없는 황홀에 취하고
> 사랑한다는 너의 말에
> 나는 환호하며 황홀에 젖지
> 최고의 황홀감을 창조하는
> 참사랑, 그러나 그것은
> 죽음을 철저히 관통하지
> 죽음이 없는 사랑
> 사랑이 아니지
> 이 산 저 산에 타오르는
> 단풍잎들……
>
> -「사랑은 황홀하지」 전문

변재섭 시인의 언어는 평범하고 소박하다. 언어를 구불리거나 꼼수를 두지 않아 읽기 쉽다. 그러면서도 진정성있는 언어를 구사하여 설득력을 갖게 하고 감동을 일으킨다. 시가 난해해지고 있는 오늘날 얼마든지 시를 쉽게 써 독자들과 소통하고 공감대를 형성할 수 있는 본보기를 보여준다. 「사랑은 황홀하지」 역시 예외는 아니여서 누구든지 쉽게 시를 감상할 수 있다.

이 작품은 시제가 말해주듯 사랑이 황홀한 것임을 말하고 있다. 사랑을 통해 경험하는 '황홀'이라는 감정이 '사랑'으로 인해 비롯된 것임을 인식하며 "세상 그 어떤 것보다" "황홀한 것이 사랑"이라고 한다. 그러므로 사랑하는 행위는 황홀에 취하는 것이라고도 한다. 이때 황홀을 극대화하는 것은 "사랑한다"고 속삭이는 상대의 말로 인해서이다. 황홀감에 젖는 일은 그저 기분이 좋다는 의미를 넘어 '참사랑'이라는 정신적 가치에 이르는 것을 의미한다. 그런 까닭에 참사랑은 "죽음을 철저히 관통하는" 용기와 힘을 지녔을 때 가능하다.

그런데 화자는 가을산에 타오르는 단풍잎들에서 참사랑을 발견한다. 단풍은 자신을 아낌없이 태울 줄을 알기 때문인데, 참사랑도 누군가를 위해 자신을 태우는 까닭에 화자는 참사랑을 하는 사람과 가을 단풍이라는 이질적인 것에서 유사성을 발견하고 동일성을 찾아내기에 이른다.

사랑하는 사람을 위해 자신을 희생할 줄 아는 사람만이 느끼는 순수한 감정을 '황홀하다'고 하는 것에서 우리는 참사랑의 의미를 발견하는 변재섭 시인을 사랑꾼이라고 하지 않을 수 없다.

사랑은 믿음을 전제로 하는 행위이다. 그런 까닭에 변재섭 시인 역시 '믿음 없이 사랑은 없다'고 말한다.

바다 한가운데 우뚝 서 있는,
폭풍우 몰아치고 해일이 덮쳐 와도
끄떡 않고 버티고 서 있는
한라산 같은
믿음의 산(山) 하나
가슴에 들여앉혀야 비로소
사랑은 있다
바늘 같은 의심
그것은 시간을 먹고 자라나
송곳이 되고 철퇴가 되어
산을 무너트릴 수 있나니
자신마저 무너트릴 수 있나니
사랑의 행복 속에 살고픈 그대여
오롯하게 믿어라
산 같은 믿음 없이 사랑은 없다

-「믿음 없이 사랑은 없다」 전문

앞에서 살펴보았듯이 사랑은 무척이나 감미롭고 달콤하고 황홀한 것이다. 그러나 황홀한 사랑은 믿음을 전제로 사랑이 이루어졌을 때만이 가능하다. 믿음없는 사랑은 그 무엇도 아니다. 우리나라에서 제일 높은 한라산은 거친 파도가 몰아치는 남해바다 한가운데에 우뚝 솟아있다. "폭풍우 몰아치고 해일이 덮쳐 와도/끄떡 않고 버티고 서 있는/한라산"은 화자에게 믿음의 상징으로 비춰지고 있나보다. 그렇기 때문에 화자는 한라산을 "믿음의 산"이라고 한다. 그 믿음의 산 하나 같은 흔들리지 않는 지조를 품고 있어야 비로소 참 사랑을 할 수 있다는 것이다.

사랑하는 대상에게 바늘처럼 작은 의심이라도 가지고 있다면 마침내 "송곳이 되고 철퇴가 되어" 믿음의 산을 무너트릴 수 있고, 마지막에는 "자신마저 무너트릴 수 있"으므로 참사랑을 이루어 행복에 이르고자 한다면 "오롯하게 믿"으라 한다.

이 작품은 믿음이 없는 사랑은 결코 사랑이 아니어서 행복에 이르지 못할 것이라는 자신을 향한 엄중한 경고라고 이해할 수 있다.

앞에서 변재섭 시인의 시집 『사랑에도 안개 자욱한 날이 있다』의 기저에 흐르는 시적 주제는 '사랑은 행복'이라고 밝힌 바 있다. 사랑을 통해 궁극적으로 얻고자 하는 것이 '행복한 삶'이기 때문이다. 그러므로 시인은 '행복'은 '오직 사랑에서만' 얻을 수 있다고 갈파를 하고 있다.

오직 사랑에서만
행복을 느낄 수 있다
이 사랑을 그릇이라고 하자
그러나 형태를 알 수 없고
크기도 알 수 없는 그릇
모르긴 몰라도 아마 동그랄 것이다
그 속에는 기쁨과 행복의 뿌리가 있고
슬픔과 고통의 뿌리도 있어
어떤 날은 웃고 떠들고
어떤 날은 울고 침묵한다
지구가 자전하듯
몇 바퀴 돌고나면 사랑은

아무리 엄청난 충격일지라도
제 자리로 돌아온다
돌아와서는 밑거름 삼아
보다 더 번성하여 긍정의 나래를 편다
사랑이 없다면 세계는 어둠일 뿐
오직 사랑에서만
행복을 느끼며 나는 사노니

-「오직 사랑에서만」 전문

화자는 사람의 눈에 보이지 않는 '사랑'이라는 감정을 '그릇'으로 인식한다. 이때 '사랑이라는 그릇'은 둥근 모양이다. 원의 형태는 가장 완벽한 것이어서 우주의 수많은 별들은 모두 원의 형상으로 자전하고 있다. 그러므로 "어떤 날은 웃고" "어떤 날은 울"기도 하는 화자는 "지구가 자전하듯/몇 바퀴 돌고나면 사랑은/아무리 엄청난 충격일지라도/제 자리로 돌아온다"고 믿는다. 사랑의 모습이 둥글기 때문에 가능한 일이다. 여기에서 화자는 둥근 사랑에는 기쁨도 있고 슬픔도 있다고 생각하는데 흔히 사랑은 황홀한 것으로만 여기는 관념을 탈피하여 실제 사랑의 구체적인 모습을 드러낸다. 그런 까닭에 화자는 사랑은 둥근 모습이기 때문에 자전할 수 있어 마침내는 슬픔을 극복하고 행복에 이를 수 있을 것이라고 믿는다. 이 작품은 말미에서 "사랑이 없다면 세계는 어둠"이므로 "오직 사랑에서만/행복을 느"낄 수 있다고 화자 자신의 체험을 들려줄 수 있는 것이다.

다음의 시편에서 시인은 '사랑'을 '가장 강한 빛'으로 인식한다. '사랑'을 무엇이든지 해결할 수 있는 커다란 힘이라고 생각하고 있다.

내가 지닌 가장 강한 빛
사랑이다 그 안에 머물러 있는
나는 항상 행복하다

물밀듯이 밀려와서 불꽃으로 작열하고
어둠을 태워 없앤다
사랑은
충동하는
세속을 넘어 줄달음치는
나를 감싸고 돈다

바다를 향해 흘러가는 강물처럼
배암과 바위와
사과와 꽃과
소용돌이치며 흘러가는 강물처럼

하늘을 향해 날아오르는 연기처럼
갈비뼈와 바늘과
피와 흙과
회오리치며 오르는 하얀 연기처럼

내가 지닌 가장 강한 빛
사랑이다 그 안에 머물러 있는
나는 항상 행복하다

-「가장 강한 빛」 전문

흔히 세상을 움직이는 가장 큰 힘으로 작용하는 것이 '돈'과 '권력'이라고 여기기 일쑤이다. 실제로 자본주의 사회에서 돈은 엄청난 위력을 가진다. 그리고 권력을 자신과 자신이 속해있는 집단의 이익을 위해 사용하는 경우가 많다. 그렇지만 진정한 힘은 돈과 권력에서 나오는 것이 아니라 인간이 가진 순수한 사랑에서 나온다. 화자는 자신이 지닌 "가장 강한 빛"은 "사랑이다"고 고백한다. 이때 '가장 강한 빛'은 "어둠을 태워 없"애는 사랑의 또 다른 이름이다. '강한 빛' 또는 '사랑' 안에 머물러 있는 화자는 그렇기 때문에 "나는 항상 행복하다"고 한다.

'가장 강한 빛'인 사랑은 "충동하는/세속을 넘어 줄달음치는/나를 감싸고" 돌며, "소용돌이치며 흘러가는 강물처럼" "하늘을 향해 날아가는 연기처럼" "회오리치며 오르는 하얀 연기처럼" 무척 힘이 센 것이어서 '돈'과 '권력'을 부러워하지 않는 화자는 '가장 강한 빛' 안에 있는 까닭에 행복하다고 한다.

이처럼 가장 강한 힘을 지닌 사랑도 때로는 시련에 빠질 때가 있다. 누구나 쉽게 사랑을 지켜내기가 쉽지 않기 때문이다. 누구나 쉽게 얻을 수 있는 것이라면 그것은 사랑이 아니다.

사랑의 시간에는 청명하고 우아한 날만 있는 것이 아니다. 사랑에도 안개 자욱한 날이 있기 때문이다.

안개가 발밑까지 자욱하다

몇 미터 앞도 내다볼 수 없고
보이는 것도 그 실체
사람인지 나무인지 허깨비 같아
세상으로부터 외톨이 된 듯
움츠려 불안에 떨고 있다
지금은 다만 보이는 모든 것들
그 실체를 알 수 없어
쓸쓸하고 두렵기도 하지만
기다리는 언제인가
마침내는 안개 걷히고
푸른 하늘 붉은 해는 빛나리라
할 일을 해나가는 것
꿋꿋하게 이 시간을 견디는 것
최선의 창이다 분명
안개 속이라 해도
꽃은 붉고 나무는 푸르다

-「사랑에도 안개 자욱한 날이 있다」 전문

사랑이 더욱 아름답고 절실하게 느껴지는 것은 사랑이 늘 순조롭기 때문이 아니다. 밤이 있어야 낮이 더욱 눈부시게 빛나보이는 것처럼 사랑에도 안개가 자욱한 날이 있어야 안개 걷힌 사랑이 소중하게 느껴지는 까닭이다.

아마 그런 날이었을 것이다. "안개가 발밑까지 자욱"한 날 "몇 미터 앞도 내다볼 수 없"다. 그러므로 희끄무레하게 보이는 것이 "사람인지 나무인지 허깨비 같아" 보인다. 사랑이 선명하게 보이지 않으니 참으로 답답할 것이다. 서로가 하나

된 마음이어야 하거늘 무엇인가가 엇나가 서로 다른 곳을 바라보며 애태울 때는 자신의 사랑에 대해 믿음이 없어져 보인다. 그러다가 사랑이 이루어지지 못하는 경우도 있다. 그러므로 "세상으로부터 외톨이 된 듯" 할 것이다. 서로 소통이 되지 못하고 있으니 섬처럼 고립된 듯하여 외로운 외톨이가 된 듯하다. 그래서 "움츠려 불안에 떨"기도 한다. 그리고 "쓸쓸하고 두렵기도 하"다.

그러다가 아침 안개가 태양이 떠오르면서 걷혀지듯이, 다행스럽게 "마침내는 안개 걷히고/푸른 하늘 붉은 해"가 빛나는 시간이 오고야 만다.

이렇듯 사랑에 안개 자욱한 날을 견디며 극복하는 화자의 방법은 "할 일을 해나가는 것"과 "꿋꿋하게 이 시간을 견디는 것"이라고 한다. 안개 자욱한 시련의 시간을 꿋꿋하게 견디며 자신의 할 일을 해나가는 것이야말로 화자가 할 수 있는 최선의 방법인 것을, 혹시라도 안개가 가혹하여 포기할 수도 있겠지만 안개가 지나가리라 생각하며 꿋꿋하게 인내했을 때 보다 맑고 푸른 하늘에 붉은 해가 떠오를 수 있다는 믿음이 있기에 가능한 일이다. 그러므로 "안개 속이라 해도/꽃은 붉고 나무는 푸"르렀던 것이리라.

슬픔 없는 사랑도 없고
고통 없는 사랑도 없지
때로 사랑은
슬픔과 고통을 넘어
열병에 빠트리거나 죽음에 이르게 하지

이 모든 것을 떨쳐 나오는
바위 같은 신념,
사랑이 사랑이게 하지
사랑이 기쁨이며 행복이게 하지
끝까지 포기하지 않는,
문을 열고 길을 찾아나서는
그 신념이

-「포기하지 않는 사랑」 전문

「믿음 없이 사랑은 없다」에서 사랑은 믿음을 전제로 한다고 했다. 그리고 「오직 사랑에서만」에서는 사랑에는 "슬픔과 고통의 뿌리도 있"다고 했다. 그러므로 "열병에 빠트리거나 죽음에 이르게" 할 수도 있다. "이 모든 것을 떨쳐 나오는/바위 같은 신념"이 필요하다. 그런 까닭에 "사랑이 사랑이게" 한다고 한다. "바위 같은 신념"을 통해 "슬픔과 고통을 넘어" 마침내 "사랑이 기쁨이며 행복"에 이를 수 있음을 설파한다. 다시 말해 "끝까지 포기하지 않는" 신념이 고통과 슬픔을 넘어 행복에 이르게 한다는 것이다. 우리가 당연히 알고 있는 사랑에 관한 관념이지만 「포기하지 않는 사랑」이 진정성과 설득력을 갖는 것은 시인의 체험이 그 배경을 이루기 때문일 것이다.

앞에서 살펴본 시편들에서 '사랑'은 '가장 센 빛'이어서 무슨 일이든 가능함을 알 수 있다. 그 '가장 강한 빛'의 하나는 '그리움'이라는 감정임을 「사랑은 그리움이다」에서 보여준다.

사랑은 그리움이다
네가 옆에 있어도
손을 잡고 있어도
마음 저 밑바닥에서
끝 모르게 솟아오르는
애틋한 이 그리움
어찌할 수 없는
이렇게 강한 그리움을
신은
내 마음속 깊이 심어놓았다
사랑하는 사람아
사랑하는 사람아

-「사랑은 그리움이다」 전문

인간의 사랑이 위대한 것은 신이 인간의 마음속에 그리움을 심어놓았기 때문이라고 시인은 말한다. 그러므로 화자는 "사랑은 그리움이다"라고 한다. "네가 옆에 있어도/손을 잡고 있어도/마음 저 밑바닥에서/끝 모르게 솟아오르는/애틋한 이 그리움"이라며 사랑하는 사람을 향한 애틋함이 끝없이 솟아오른다고 고백한다. 흔히 그리움은 사랑하는 사람들이 서로 떨어져 보지 못할 때 보고 싶은 마음이라고 생각하는데 화자는 끝없이 솟아오르는 애틋함을 그리움이라고 인식한다. 이 그리움이 사랑을 키우고 사랑을 위대하게 하는 힘으로 작용하는 것이다.

지금까지 살펴본 작품들은 변재섭 시인의 시 속의 주인공인 서정적 자아가 사랑의 대상에게 직접 토로하는 형식이었다. 이때 사랑의 대상이 사람임은 당연하다. 그런데 「사랑은 진행형이다」에서는 사랑의 대상이 '꽃'이어서 주목된다.

나는 오늘도 너를 들여다본다
바람에 흔들리는 꽃송이
따라 흔들리며 들여다보듯
정신을 집중하면
예전에 알지 못했던
새로운 매력과 향기가 있어
나의 사랑은 감동 물결이다
때로는 곰팡이 앉은 방구석
어둠 같은 그늘이 있어
나의 사랑은
슬픔에 젖어 고개를 숙이나
이내 물결은 가라앉아
나의 사랑은 더욱 커진다
너를 들여다보고
너의 새로운 면을 발견하고
잠시 멀어졌다가 더욱 가까워지기도 하며
언제나 진행형이다 나의 사랑은
죽는 날까지

-「사랑은 진행형이다」 전문

화자는 날마다 바람에 흔들리는 꽃을 바라본다. 흔들리는 꽃을 따라 화자 역시 흔들리며 집중하면, 지금까지 느껴보지 못한 "새로운 매력과 향기가 있"다. 화자는 때로 "곰팡이 앉은 방구석/어둠 같은 그늘이 있어/나의 사랑은/슬픔에 젖어 고개를 숙이"고 있었다. 그럴 때마다 "나의 사랑은 더욱 커"진다. 꽃이 슬픔에 젖어 고개를 숙이고 있을 때면 화자는 바람에 흔들리는 꽃을 따라 흔들리며 바라보았다. 여기에서 '바라봄'은 단순히 어떤 대상을 시각적으로 주목했다는 의미를 넘어 무한한 사랑을 보냈다는 의미로 해석된다. 그런 까닭에 꽃의 "새로운 면을 발견"할 수 있는 것이다. 이처럼 화자가 꽃을 집중하여 바라보는 일은 위대하고 아름다운 사랑이다. 그 과정에서 바람에 흔들리는 꽃처럼 화자 또한 꽃을 따라 흔들리며 "잠시 멀어졌다가 더욱 가까워지기도 하"는 화자의 사랑은 멈춤이 없는 진행형이다. 그것도 "죽는 날까지" 멈추지 않겠다고 한다.

이 작품에서 꽃은 실제의 꽃이기도 하고 사랑하는 사람의 은유이기도 하여 시의 영역이 더욱 확장되고 있다.

살펴보았듯이 변재섭 시인의 이번 시집의 시편들은 그 주제가 사랑이다. 사랑은 황홀하여 행복하지만, 사랑을 얻기까지는 많은 시련을 극복해야 함을 이 시집은 말해준다. 그러면서도 시인은 돈과 권력보다도 강한 것이 '사랑'이라는 믿음을 갖고 있다. 이렇듯 사랑꾼인 시인이 얻고자 하는 것은 '완전한 사랑'이다.